中华中医昆仑

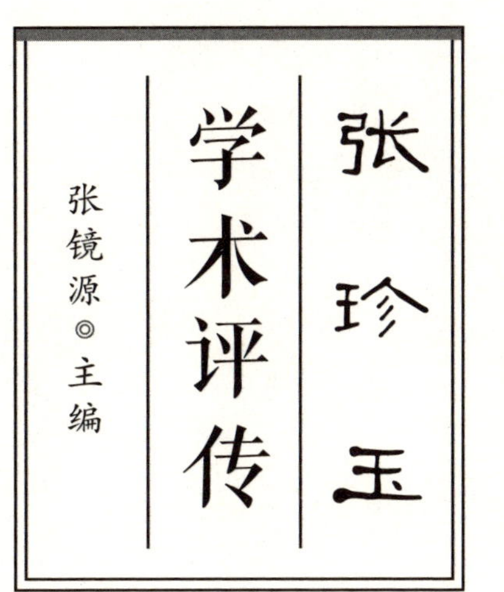

中国盲文出版社

图书在版编目（CIP）数据

张珍玉学术评传（大字版）/ 张镜源主编. —北京：中国盲文出版社，2015.12

（中华中医昆仑）

ISBN 978-7-5002-6771-3

Ⅰ. ①张… Ⅱ. ①张… Ⅲ. ①张珍玉（1920～2005）—评传 Ⅳ. ①K826.2

中国版本图书馆 CIP 数据核字（2015）第 314247 号

张珍玉学术评传

主　　编：张镜源
责任编辑：戴皓宁
出版发行：中国盲文出版社
社　　址：北京市西城区太平街甲 6 号
邮政编码：100050
印　　刷：北京华联印刷有限公司
经　　销：新华书店
开　　本：700×1000　1/16
字　　数：42 千字
印　　张：6.75
版　　次：2015 年 12 月第 1 版　2015 年 12 月第 1 次印刷
书　　号：ISBN 978-7-5002-6771-3/K·413
定　　价：12.00 元
销售服务热线：（010）83190297　83190289　83190292

丛书编委会

前　言

中医药是中华民族的伟大创造，是世界医学宝库中的夺目瑰宝，数千年来为中华民族的繁衍昌盛作出了巨大的不可磨灭的贡献，至今仍是中国医药卫生事业不可分割的重要组成部分，在维护民族体魄康健、促进经济社会发展中发挥着不可替代的作用。

中医药学，是中华传统文化和科技文明的结晶，是勤劳聪慧的中华儿女在几千年生产生活实践中，在与疾病作斗争的过程中，创造的独具特色的医学科学体系。它有着浓郁的民族特色、深厚的文化底蕴和丰富的哲学内涵。经过一代又一代中医药传人、一辈又一辈名医大家的实践探索、薪火传承、总结完善、创新发展，逐步形成了系统的理论体系、独特的诊疗方法、丰富的医学内容、实用的制药技术。具有疗效确切、用药安全、应诊灵活、普适简廉和预防保健作用显著的巨大优势，在世界医学之林独树一帜，为人类的文明进步与医疗保健事业，已经并正在作出积极的贡献。

为了弘扬中华民族传统文化，彰显中医药学家的丰功伟绩，当代中医药发展研究中心与中国文学艺术界联合会、国家中医药管理局新闻办公室、中华中医药学会、中国中医科学院、北京中医药大学、世界中医药学会联合会等精诚合作，在国家中医药管理局的支持和指导下，为中华近现代百年来贡献卓著、深受敬仰的150位中医药学家，编撰出版了这部大型传记丛书。丛书采用评传体裁，记载他们的生平事迹、医术专长、学术思想、传承教育、医风医德、养生之道和突出贡献，使这些宝贵的医学成就和精神财富发扬光大，千古流芳。

丛书取名《中华中医昆仑》。昆仑山，被尊为“万山之祖”，柱西北而瞰东南，立中国而凭世界，凌驾乾坤，巍然屹立。以其高峻豪迈、绵延起伏的磅礴气势，寓意中华中医药学历史悠久、博大精深和永不衰竭；以其挺拔雄伟、高耸入云的恢弘气魄，彪炳一代中医药学家的丰功伟绩、杰出贡献和不朽勋业。

丛书入选传主，从全国范围推荐遴选，遍及中医药界各个领域。有临床家、理论家、药学家、教育家、医史文献学家；有名师亲授、世医家教、学派传人、院校毕业和自学成才者；有师徒并驾、父子齐名和伉俪联袂者。他们学术造诣深厚、诊疗技术精湛、临床经验丰富、学科地位崇高、科研成果丰硕、医风医德高尚、国内外影响较大，从医学理论到临床实践，为中医药事业的传承和发展作出了突出贡献，是近现代百年来中华中医药界的杰出代表。

丛书的出版，对于弘扬中华文化，振兴中医药事业，造就中医药人才，普及中医药知识，具有重要的现实意义和深远的历史意义。这是一项开创性工作，填补了我国为著名中医药学家大规模撰写传记的空白；也是一项抢救性工作，因入选传主已仙逝过半，许多亲历、亲见、亲闻的史料日见散逸，将之收集整理、编撰成书，功垂后世、利国利民；更是一项承前启后的工作，总结传主经验，传承中医药伟业，继往开来，光耀世界医学之林。这部医文结合，富蕴历史性、学术性、文学性和实用性的鸿篇巨制，对医疗、卫生、科研、教育及全球关注中华中医药文化的各界人士，都有重要的参考和阅读价值。

丛书的编撰出版，是一项巨大的中医药文

化建设工程，在策划、撰写、编辑、出版过程中，自始至终得到了国家有关领导、政府部门及社会各界人士的关心和支持。国家中医药管理局高度重视，并组织专家对全书进行终审；数百名专家、学者亲临指导，参与规划；有关省、市、自治区卫生厅、局、中医局（处）给予大力帮助；传主及其亲属、弟子热情支持、密切配合；撰稿人深情满怀、辛勤笔耕；编审专家尽心竭力、精工细琢；关爱中医药事业的企业家热心公益、慷慨资助；全体工作人员不辞辛劳、无私奉献，这一切使丛书得以顺利出版。对此，我们深表谢意。

由于时间紧迫和资料搜集困难，加之水平有限，难免有疏误之处，敬请广大读者批评指正。

中华中医药学，历史悠久，源远流长，发端于远古，奔向于未来。百年对于历史，不过是短暂的瞬间；百人对于万众，不过是沧海一粟。然本丛书所记载的百年百人，则无疑是波澜壮阔的中医药发展史上辉煌的篇章和光芒闪烁的璀璨星辰。

张镜源

名誉不争，学术不让。虚能引和，静可生悟。

——张珍玉

张珍玉（1920—2005），别号虚静。著名中医理论家、临床家。山东中医药大学教授，博士研究生导师。1920 年 11 月出生于山东省平度县中医世家，16 岁随父习医。在其父指导下，四大经典手不释卷，金元四大家之作孜孜以读，奠定了深厚的理论基础。20 世纪 40 年代始独立行医，50 年代已成为当地家喻户晓的名医。坚持中医发展遵循中医学自身规律，突出中医理论指导临床实践，擅长在中医理论指导下辨证论治内科、儿科及各种疑难杂病。用药味少、量轻、配伍精当，疗效显著，形成了重视脾胃、擅长治肝的诊治特点。

20世纪50年代青岛市中医学校成立，张珍玉作为优秀青年中医被首批安排进修。1956年山东省中医进修学校成立，又作为师资培养对象首批被推荐入校。1958年作为高水平师资培养对象，被选派赴南京参加卫生部主办的中医教学研究班深造。1959年入山东中医学院（现山东中医药大学）执教，成为该校中医基础理论学科创始人和奠基者，开始了从事高等中医药教育事业的生涯，为中医事业培养了一大批优秀人才。自1978年开始招收硕士研究生，1987年开始招收博士研究生，2002年被确定为全国老中医药专家学术经验继承工作指导老师，开始师带徒。他治学严谨，多次主持自编教材，并曾参加全国统编教材的撰写。编著、出版高校教材和学术著作20多部，发表学术论文百余篇，主持指导完成多项省部级科研课题并获奖。积数十年理论研究与临床实践经验，创立了“治咳之要在宣降”、“气分阴阳”、“脾胃分治论”、“肝失疏泄”包括“肝气逆”与“肝气郁”两证等广为学术界公认的新理论和成果。先后荣获“全国优秀教师”、“中华中医药学会成就奖”、“山东省科技兴鲁先进工作者”、“山东省卫生系统先进工作者”、“山东省有突出贡献的名老中医药专家”、“山东省名中医药专家”等荣誉称号，享受国务院政府特殊津贴，并被录入《英国剑桥大学世界名人录》、《中国当代名人录》、《山东省有重要贡献专家名录》。曾历任山东省第四、五、六届政协委员。先后任中华全国中医学会中医理论整理研究会委员，黄帝内经专业委员会顾问，中华全国中医学会山东分会理事、常务理事，中医基础理论委员会主任委员等。

承家业采众长 习医路无捷径

张珍玉父亲设诊所悬壶于青岛，医术精湛，诊务繁忙，活人无数。为了能更好地继承家业，张珍玉 6 岁入私塾启蒙教育，9 岁入西关小学读三年级，13 岁高小毕业后入平度师范讲习所，1934 年平度师范讲习所并入平度中学，他继续就读于平度中学师范班。1936 年，16 岁中学毕业后迁居青岛，目睹父业，耳濡目染，潜移默化，对中医有了了解，也逐渐爱好起来，便与兄长共谋随父习医之事。父亲望子成龙，也希望后继有人，能够承袭家技，攻读岐黄，将来置身杏林，自然欣然应允。从此张珍玉与兄长一起开始了以父为师的习医之路，边随父看病，见习中学医，边通读背诵父亲指定的中医读本。父亲业医日久，对医者掌管的生死关天、荣辱之变体验深刻，恐儿子懈怠学业，教子习医严中求严，谨守传统习医计划行事。学医遵循先易后难的原则，第一步从内容浅显易懂的《医学三字经》、《药性赋》、《濒湖脉学》、《汤头歌诀》学起。学习的方法是从背诵入手，这无疑是依据了《黄帝内经·素问》提出的知医必循五部曲“诵”、“解”、“别”、“明”、“彰”中的第一步。这一步，父亲要求甚严，经常过一阶段就“抽查”一次，提出其中的一句，要求必须熟练地往下背诵。兄弟二人不敢稍有懈怠，而是互相督促，模拟问答，尽用枕上、路上、厕上时间背诵。功夫不负有心人，两年时间四书全部背熟。继之转入第二阶段的学习，攻读《素问》、《灵枢》、《难经》、《伤寒论》和《金匮要略》等医学典籍，学习的方法仍然是背诵。父亲的观点是：学习没有捷径可走，必须扎扎实实地学，打好基础，年轻记忆力好，要多记多背，熟能生巧，临证时才能得心应手，举一反三。严师出高徒，得益于严父施教，张珍玉很快就有了扎实的理论功底。同时经过数年随父见习的耳濡目染，已较熟悉临床常见病证和诊病常识。以此为基础，他开始了理论与临床相结合的第三步习医经历。结合临床实践，加深理论理解。背诵原著，学习理论是重要的，是基础，但理论必须与临床实践相结合，才能加深对理论的理解，也才能变成有用的活的理论。到了这一阶段的习医，随父看病时，父亲常结合病情，讲解相关经文。如对《伤寒论》“胃家实”之论，虽经父亲引经据典，反复讲解，但他理解不深。随父见习时，见一位病人头痛，父亲投以大承气汤，遂问其理。其父云：“病人便秘拒按，苔黄脉洪，是阳明腑实证。阳明之热邪循经上冲，干扰清窍，故头痛。阳明经行于前，故痛位在前。用大承气汤以泻其实邪，邪去正复，头痛自然可愈。”至此他才真正领悟了“胃家实”之意。学过的理论知识在临床实践中得到验证，大大激发了他的学习兴趣和热情，坚定了学医的信念，学习由被动转为主动。学习的内容也开始向更深入和广泛发展，相继涉猎了《本草备要》、《本草经疏》、《景岳全书》、《医宗必读》、《西溪书屋夜话录》、《医林改错》及金元四大家之著作等历代名著，其中的妙文佳句均可脱口而出。即便到耄耋之年，仍能开口诵经典，瞑目称诸家，如数家珍。真可谓苦在其中，乐亦在其中。

张珍玉经历了随父见习的学医过程后，转入门诊看病实习。开始时他诊过病人，向父亲汇报病情，说明理法方药，对证，才让开方，否则，父亲再给讲解。一次他诊断一个胃痛病人，处方柴胡疏肝散。父亲问其思路，他说：“病人饭前痛，喜按，嗳气，乃胃虚肝气乘之，肝气犯胃，治应疏肝和胃。”父亲听后，点头称是。父亲的一次次肯定，更加激发了他的自信心。经过一段见习和实习，他开始从父亲的“把关”过渡到独立看病。但是任何科学，在任何时候，理论和实践之间总是有差距的，对于初出茅庐的医生更是如此。因为医生面对的是世界上最复杂、最有灵性的人。他曾经历过初诊时的尴尬。首次独立出诊本就胆怯，又逢寒风透骨的冬天，一路上心中忐忑不安，没有父亲在身边，心中没底。面对病人时，又发现是一位年过八旬的老人，原本胆怯的“小医生”，紧张中乱了阵脚——诊，不知从何处下手；不诊，已经没有了退路。忘记了问诊就匆匆切脉，乱麻样的心神全没了头绪，许久也没有诊出是什么脉。虽在隆冬，已经汗颜，只好反问病人哪里不适，病人却答曰：“你试过脉不知是什么病吗？”借父亲之“光”，老先生给“小医生”竖起了下台的梯子：我咳嗽吐白痰，喘气困难，遇冷犯病，已经十几年了。回去问问令尊，再开方。张珍玉揪着的心这时才放松下来，又切了脉，脉弦滑。回到家中，将诊病过程如实禀报，并开出二陈汤加味的处方。父亲教诲：此为外邪诱发痰喘咳嗽，应有解表药，小青龙汤加减更对证。这刻骨铭心的尴尬和教训，时过半个多世纪，他都记忆犹新，常借以告诫自己的学生，这种告诫生动具体而亲切，却耐人寻味。正是经历了这一次次磨炼，才成就了张珍玉的精湛医术。20 世纪 40 年代，他曾诊治一远亲，形如死状，医院不予治疗抬回家中。请他诊治，他谦词："医院条件好都治不了，我岂能治好？"病家说："请您试试吧，病已如此，死也不关你的事。"于是张珍玉仅凭病人目赤一症断为阳厥，予四逆散，两剂而苏。另一男性病人，已过而立之年，久患胃疾，身羸，但脉却弦大。他诊毕说："此脉症不合，谓之逆，此疾难已。"未开处方。不久病人果逝。独立应诊的实践过程，张珍玉切身体验到了"书到用时方恨少"的滋味，体会到了深厚广博的基础理论是临床得心应手的资本，而临床实践又是升华理论的唯一途径和依据。如他治一无汗症患者，虽“肺主皮毛”治肺可促其发汗，但“汗为心之液”，且病人有面赤、身热、心慌、烦躁等心阴虚之表现，从滋心阴为治而愈。另治一长期血尿病人，查无器质性病变，尿血两年，“脾主统血”，方用补中益气汤加味，健脾益气，养血止血，两月而愈。

幼承家学，医术高超，虽已声名在外，但张珍玉不满足于家学，父亲更渴望爱子博采众家。共同的心愿促使他带着强烈的求知欲望跨出家门，拜访名医，聆听高见，探究医理。当时青岛云南路颇有盛名的老中医谢文良便是其一。聆听谢老先生阐述“春夏养阳，秋冬养阴”之理：春夏温暖，阳气旺盛，阳生阴长，生机蓬勃，万物争荣，此时应当顺应自然之势，保护生发的阳气；秋冬寒凉，阳杀阴藏，阴气当令，万物收藏，此时应保护主令之阴气。谢老先生的论述启发了他在以后的行医生涯中，重视中医整体观念，强调天人合一，因时制宜，不仅形成了临床治病考虑时令气候，用药勿伐天和的诊治特点，而且开阔了眼界，加深了对中医药理论的理解。四物汤是补血的首方、要方，其配伍之巧妙正是阴阳动静结合整体观的体现。大自然有春夏秋冬，万物有生长收藏，春夏为阳，主生长，秋冬为阴，司闭藏，阴静阳动，无动则无以静，无静亦无以动，动中有静，静中有动。四物汤中，川芎为春，当归为夏，二者主动；白芍属秋，熟地属冬，二者主静。动静配合，所养之血，才是有生机的活血。

正当他满怀希望，如饥似渴地拜医求教时，时局混乱、动荡不安，打破了年轻人求知的“梦想”。张珍玉博采众家的求知之路因此中断，习医之路又返回到了刻苦自学这一最可靠的途径和方法上来。这期间他在诊病之余，四大经典更是爱不释手；金元四大家之著孜孜以读；

赵献可、李中梓、张景岳之论张口即出；缪希雍的《本草经疏》、吴昆的《医方考》、王旭高的《西溪书屋夜话录》等更为推崇。

张珍玉习医、业医均在自家诊所，所以诊病兑药，乃至药品加工炮制，常用膏丹丸散的制作等，事事必亲自动手，自力更生，身体力行。这为全面认识药物，灵活运用药物，造就“大医”、“上工”，打下了坚实的基础，具有重要意义。他业医的20世纪40年代，西医渐盛，中医备受当局欺凌，大有扼杀之势，大医院绝无中医立足之地。中医都是民间作坊式的自家诊所，身无绝技，便无生存之机。张珍玉得严父指教，受益于背诵经典、名著，及传统的学中干、干中学，医术提高很快，50年代已见成就，虽非神医，上工是当之无愧的。1952年青岛市中医进修学校成立时，他作为优秀青年中医首批被安排进修，主要学习西医课程。学习结束后，不少人弃旧从新，改业西医，而他通过西医知识的学习，对中西医理论有了更辩证的认识：中西医理论体系不同，但殊途同归，研究的对象都是人，中医理论强调从整体、宏观、动态、功能角度把握人体生命规律，西医理论则注重从局部、微观、静态、解剖角度把握人体生命规律。两者各有所长，各有所短，学习西医知识应该为我所用。通过这次的进修学习，更加坚定了他从事中医事业的决心和信心。

入学府育人才
教法活重思路

1956年国家为振兴中医事业，决定建立中医学校，山东省中医进修学校应运而生。山东省著名老中医，时任山东省卫生厅副厅长的刘惠民慧眼独识，将张珍玉选调到山东省中医进修学校任教。36岁的他随即告别了如诗如画的海滨城市青岛，告别了妻儿老小，奔赴位于济南历城县灵岩寺的山东省中医进修学校教书。

从医疗到教学，对张珍玉来说又是一个人生的转折点。自己没有教学经验，当时学校刚成立，又没有教材，真是无从下手。凭借着自己坚实的理论和临床功底，他边学习，边备课，边教学，白天上课，晚上自己动手编写教材。根据教学目的要求，参考汪昂的《素问灵枢类纂约注》和张景岳的《类经》，分类选编了《黄帝内经摘要》作为教材，20 世纪 60 年代这本教材由山东人民出版社出版。这期间他既体验到了初涉教学的艰辛，更体会到了教学相长的快乐。如学生以“带脉起于季胁，环腰一周，起于季胁哪一面”，“脑为奇恒之府，中药并没有入脑的药物，临床上怎样治疗脑病”等问题，问住了他。他通过查阅资料，认真思考，结合临床体会，和同学展开讨论，结果是：带脉起于季胁的两面，环腰一周，如束带然；因心主藏神，为五脏六腑之大主，肝主藏血，肾主藏精，生髓而通于脑，因此，中医临床多从心肝肾辨证论治脑病，而临证脑病实多治心，虚多治肾。问题的解决，是一个教学相长、如切如磋的过程，而且理论联系实际的阐释，更使教学的过程生动而具体。由于教学成绩优秀，1958 年张珍玉作为高水平师资培养对象，被选派赴南京参加卫生部主办的中医教学研究班深造。一年多的深造学习，他更清楚了自己肩负的中医教育事业的担子有多重，立志做优秀的人民教师，提高教学水平和教学质量，为中医事业的发展培养优秀的后继人才。1959 年他奉命登上了山东中医学院的讲台，真正开始了自己献身高等中医教育的执教生涯。同年他加入中国共产党，为了党的中医教育事业，开始了他近半个世纪的辛勤耕耘。

张珍玉从事中医药高等教育伊始，同样面临着教学内容和教材的问题。为更好地提高教学质量，适应教学的需要，他潜心研究教学内容和教学规律，致力于编写适应不同层次学生的教材。20 世纪 60 年代出版了本科自编教材《黄帝内经摘要注释》，并参编了全国中医院校本科试用教材（二版）《中医诊断学》；70 年代参编全国高等医药院校中医院校本科教材《中医学基础》；80 年代先后担任卫生部高等医药院校中医专业教材编审委员会委员，主持自编了山东中医学院首届本科少年班教材《中医学导论》、《藏象经络学》、《病因病机学》，参编了全国高等医药院校教材《中医基础理论》；90年代主编全国高等医药院校专科教材《中医学基础》。

办学初期，学校师资力量薄弱。为适应时代发展的需要，从20世纪60年代始张珍玉先后承担中医基础理论、黄帝内经、中医诊断学、中医各家学说、难经等多门中医基础课程的本、专科教学工作。张珍玉是在严谨的治学环境中学医，在实践中习医。正是因为这严谨与实践，从小受过的师范教育和后来的教学深造，造就了他朴实无华、深入浅出、生动形象、深受学生喜欢的教学方法。

他在本、专科课堂教学中强化基本概念、基本理论、基本原理等“三基”知识的基础上，特别注重学生能力的培养，“授之以鱼”的同时，又“授之以渔”。如在讲授完中医基础理论课程后，他喜欢提出这样的问题：我们这一学期学习的中医基础理论这门课程都讲了些什么内容？这时学生都会争先恐后地将中医基础理论课程，从绪论到阴阳、五行、藏象、经络，直至治则、治法的目录从头到尾说一遍。这时，他总会和蔼地说：“同学们学习得不错，掌握了这门课程的基本内容，但从我们这门课程的系统性而言，应该是：以整体观念为指导思想，以精气阴阳五行学说为论理工具，以藏象经络、气血津液为理论核心，以辨证论治为诊疗特点……”在轻松的教学气氛中，既让学生掌握了基本内容，同时又在潜移默化中培养了学生对知识由博返约、系统总结的能力。

经典课程黄帝内经的教学，始终存在“仁者见仁、智者见智”的现象，而张珍玉的教学，总是让学生有一种焕然一新的感觉。当学生请教：《黄帝内经·素问》的“血气形志”和《黄帝内经·灵枢》的“五音五味”、“九针论”三篇中均论及人身之气血常数，在三阴经中观点稍异，不知应怎样理解时，他并不正面回答问题，反问道：人体十二经脉首尾相贯运行气血，为什么会有多少的不同？另外，对后文所言“出气恶血”、“出气血”、“出血恶气”之“出”和“恶”又怎样理解？在启发学生思考之后，他才娓娓道来：经脉中气血多或少并非指经脉中循行的气血量而言，是指该经脉发挥其功能需要或消耗的气血量之多少。照此，下文刺之“出”和“恶”，就不是一般所认为的“泻”和“不泻”，而是“产生”和“不产生”，是功能的调整。“出”不只是相对“进”和“入”，还有“产”和“生长”的含义。“恶”之义是因出而变的。同时，这个问题的答案又说明：对汉字特别是古汉语中一字多义的选择问题，必须要结合文章的主题、上下文义以及人体生理病理的实际、临床诊治的实际恰当处理，学中医要有较好的文史哲知识，否则难为苍生大医。这种举一反三的解答问题方式，不但易于让学生接受，同时更让学生清楚了学习中医经典的方法，培养了学生阅读经典的能力。

张珍玉诸如此类的课堂教学实例，不胜枚举。例如《灵枢·终始》，其中之“终始”为什么不是“始终”;《素问·调经论》说:“人之所有者，血与气耳。”“血与气耳”为什么不说“气与血耳”，似乎有悖常规，有什么特殊意义吗？他说：凡事皆有始，却未必有终，所以要提示“善始善终”，否则有可能“不了了之”。言“终始”，旨在突出终，有终肯定有始。至于“血与气”，关键强调血，因为“血为气之母”，血载气，血生气，气到的地方血未必到，但血到的地方气一定到，诸如此类的现象，经典、古籍中不乏其见，寓意颇深，这就是科学。科学就源于我们对自己生活的环境中诸多现象和元素的认真观察，仔细揣摩。这种方法是一切科学发现的起源。他的这种教学方法，让学生更贴近中医学，更了解中医学，更深刻认识了中医学。

张珍玉近半个世纪的教学成就，莫过于为中医事业培养了一大批各层次的优秀人才。他自 1978 年开始招收硕士研究生，1987 年开始招收博士研究生，2002 年成为全国老中医药专家学术经验继承工作指导老师，招收师带徒学员，共培养硕士研究生 17 人、博士研究生 24 人、徒弟 2 人，其中有 6 人已成为博士研究生导师，3 人获得霍英东教育基金会全国高等院校青年教师奖。学生遍及国内外，真可谓桃李满天下。

特别是自 20 世纪 70 年代招收研究生以来，由于研究生教学方式的灵活性，张珍玉富于启迪的教学方法，更是有了用武之地。张珍玉对经典的内容烂熟于心，每次给研究生讲授经典课程时，经常出其不备地提问关于某问题《黄帝内经》怎么说?《伤寒论》如何讲？历代医家又怎样表述？如《黄帝内经》原文如何论述时间和空间的关系？学生们议论纷纷，不知文出何处时，他便开口成诵："《素问·天元纪大论》云：天有五行御五位，以生寒暑燥湿风。"并解释说："五位指五方，代表了空间；寒暑燥湿风是时令气候变化，代表了时间；五位生五气，空间生时间。"学生见此情此景，往往是面面相觑，目瞪口呆。此时他会语重心长地说：医学是关于生命的科学，而生命贵于千金，习医、业医岂可儿戏，故孙思邈在《备急千金要方·大医习业》中指出："若能俱而学之，则于医道无所滞碍，尽善尽美矣！"强调书不只要读，而且要尽可能地广读、杂读。《黄帝内经·灵枢》亦云："夫为医者，在读医书耳。读而不能为医者有矣，未有不读而能为医者也。不读医书，又非世业，杀人尤毒于梃刃。"他往往在引经据典的同时，结合自己习医读书的困惑与豁然、临证疗效与失误的切身经历，告诫学生："青年时期要多读书，书到用时方恨少，那时岂不晚矣。所以不要排斥背诵，习医之初，先父迫我背诵经典、名著，令我受益终生。我受益于它，这是我切身的体会，历经几十年的验证，也是你们亲眼目睹和体验的。"他的话真切感人，使学生深刻体会到了什么是熟能生巧，若非胸有成竹，如何一上午能诊治近百位病人？又怎能临众病、杂病、疑难病思路不乱？真可谓"冰冻三尺非一日之寒"、"学无捷径"。每当见学生对此有所体悟时，他总是进一步引导学生：读书学习的步骤应当遵循《黄帝内经·素问》提出的知医必遵循的五部曲——"诵"、"解"、"别"、"明"、"彰"。其中，"诵"是前提，是万丈高楼之"基"，根基不牢，谈何创新和发展？为强壮"根基"，他也效仿父亲施教之法，经常在学生问难求教中突然提出书中相关的一句，让学生接下一句，或以结合病情提问经文的方式，考查鞭策学生。如他治疗一小儿尿频案，以健脾益气法，处以四君子汤加味。分析病案时，他首先提问学生关于这一治疗思路经文是怎样说的，见学生犹豫不能作答，他提出：翻一下《灵枢·口问》和《灵枢·终始》。答案找到了：《口问》篇云“中气不足，溲便为之变”，《终始》曰“少气者……可将以甘药，不可饮以至剂”。又如治疗一喜笑不休患者，以泻心汤加味3剂而愈，见学生仍有疑惑之表情，他淡然一笑后张口诵出：《黄帝内经·灵枢》云：心气虚则悲，实则笑不休。这种灵动活泼的教学方法，不仅学生乐于接受，更使学生在掌握知识的同时深刻感触到：只有融广博的知识于一“颅”，才能“智”不乏源，从而激发了学习的兴趣和热情，坚定了学习中医的信念。

对于中医发病原理，《黄帝内经·素问》有“正气存内，邪不可干”，“邪之所凑，其气必虚”的概括之论，既阐明了发病有两大因素，又强调了正气在发病中的主导作用。而张珍玉在教学中却用“物先腐而后虫生”，还是“虫先生而后物腐”的生活事例证明发病学原理。又如《伤寒论》第一百零一条谓：“伤寒中风，有柴胡证，但见一证便是，不必悉具。”对为什么“但见一证便是，不必悉具”的道理，他一言以蔽之曰：“叶落知秋。”此本源于《淮南子·说山训》：“以小明大，见一叶落而知岁之将暮。”又唐人有诗云：“山僧不解数甲子，一叶落知天下秋。”其中既蕴含由现象或部分推知本质或全体的道理和方法，同时也揭示了学好中医，文哲是基础，指明了今后培养好中医应努力的方向。

他常对自己的研究生说：“所谓大师，就是他们能够独具慧眼，在别人司空见惯的事物上发现问题，并予以解决。在学习过程中，可以说问题到处都是，对于我们来说不是没有问题，而是缺少发现问题的能力和水平。”因此，他在教学中鼓励学生多提问题，以教学相长。他常举例说:“全部《黄帝内经》几乎都是黄帝、岐伯的问答之辞,难道黄帝真那么笨吗?非也!正是他太高明,太伟大,他提的问题都是关键性问题,是为医者非明白不可的问题。他提出来讨论,是为了启示后学,强化记忆。”他在教学中多仿此以启发学生。如在给九八级研究生授课时,他突然提问:“李东垣重脾胃创补土派,为什么善用风药?”见学生一阵嘀嘀咕咕、欲言又止和不自信的表情,他说:“不要怕,要敢于说,学术需要的是争鸣。风药多归肝经,肝属木;脾病多湿,脾属土;木能疏土,肝能胜脾,风能胜湿故也。每位医家都有自己的长处,也各有其偏,其实他的长就是他的偏,他们各有自己的背景。我们要正确理解,深刻认识,然后博采众家之长,得其偏而成其全。”

张珍玉教学坚持遵循中医学自身的规律,强调中医教学,不仅是为了传授知识,更重要的是培养中医学的思维方法。只有沿中医理论形成的固有思路去学习理解中医，才能学到原汁原味的中医。中医学思维方法的培养，是学好中医行之有效的方法，更是学习中医的基础。如他在 80 岁高龄给全校师生做“中医理论与临床”的专题讲座时，讲到活血化瘀药的组方用药规律，提出：《伤寒论》活血化瘀方，如抵当汤、抵当丸、桃仁承气汤等，为什么不用红花？大家的直觉是当时没有红花。他强调：《金匮要略》的红蓝花酒，即是用红花。这就是如何用中医思维方法认识药物的问题。中医理论强调“近乎天者亲乎上，近乎地者亲乎下”，一般而言，花、叶、子有向上、向外生长之性，治上焦病；而根有下行、内收的趋向，多用治下焦病。红花是“花”，有上行之功，而《伤寒论》所治瘀血在下焦，故不用红花。所以后世的生化汤、少腹逐瘀汤等都没用红花。他说：“这就是认识中药的思路，只有沿中医学的思维方式，在中医理论指导下去分析和认识药物才叫中药。

你在处方中写的是中药名，但如果不是在中医理论指导下开的方，而是在现代药理指导下应用的，那就不能称其为中药方。”他的教学就是这样深入浅出，从日常教学的点点滴滴中培养学生的中医学思维方法。

下面是张珍玉与九七级研究生的一段交流对话，更体现了他教学的生动活泼，发人深省。临床治疗一疟疾病人，辨证为脾气虚证，一剂健脾益气药而治愈。他见学生心存疑虑，提问到：《素问·疟论》和《素问·刺疟》等篇都提到用针刺可以治疗疟疾，那么是针尖杀死了疟原虫吗？非也。此“杀虫”非彼“杀虫”也。中医“杀虫”是通过药物或针刺改变了人体的内在状态，没有了“虫”之生存条件，自然也就被“杀死了”。此时他话题一转，又问道：“你们想想，是物先腐而后生虫呢，还是虫先生而后物腐？”学生未假思索，脱口而出：“当然是虫先生而后物腐。”他微微一笑，追问：“是吗?”这时学生才感觉他的问话似有弦外之音。“那我再问你们，为什么流动的水不会腐败，难道水中没有虫吗?为什么健康的人可以不病，难道他们不接触细菌、病毒?在讨论中医理论时，必须站稳立场，用中医学的思维方式分析问题。在平素学习的过程中，我们总感觉似乎已经掌握了中医学的思维方式，却又常在不经意间背弃了它。”“正气不足是疾病发生的内在根据，邪气是发病的重要条件”，这是学生再熟知不过的发病原理。但在思考问题时，却又时常将病原微生物置于矛盾的焦点上，而对人体的正气无暇顾及。他的比喻，让学生认识到:“虫”是普遍存在的，即使健康人的口腔咽喉中亦有病原微生物存在，至于它是否能腐物、伤人致病，则要看有没有“物自腐”、“人自病”的先决条件。“物先腐而后虫生”，正是立足人体，充分强调内因与人体正气的重要作用，这也是张珍玉“重视人体正气，以人为本”学术思想的体现。张珍玉就是这样，用生活中信手拈来的例子，引导教诲学生，既活跃了气氛，也加深了学生对中医理论的理解，更加开拓了对中医学的思维方式。

如1999年临床遇到一高血压病人，查体血压高，仅舒张压高，无明显临床体征。当时学生不知从何处辨证分析，他提出：血压是借助仪器测到的客观指标，完全可以纳入中医思维模式中为我所用，从阴阳角度分析，收缩压属阳，舒张压属阴。阴中复有阴阳，舒张压高说明是阴虚为主，可从滋阴入手。遂以六味地黄汤加减治疗而愈。

张珍玉读书以“读无字处”即发现别人发现不了的问题而著称，每当学生问及怎样才能达到如此境界时，他总是淡然一笑说：无他，具备了中医学的思维方法，沿中医学自身规律去认识中医问题而已。他常告诫自己的研究生：你们是中医学的博士、硕士，而不是西医学的博士、硕士，一定要牢记自己的使命，坚定地站在中医立场上，研究中医理论，应用中医方法，为继承与发扬中医学而不断努力。可见，中医学思维方法的培养是能否学好中医的至圣法宝，张珍玉重视培养中医学思维方法的教学方式可谓是抓住了学好中医的命脉。

研理论重经典
善总结求发展

1959年，张珍玉被调入山东中医学院，担任中医基础理论教研室主任，成为学校中医基础理论学科的创始人和奠基者，开始了中医理论研究的历程。他特别重视中医经典理论的研究，经常说：中医学之所以富有生命力，在于它理想的临床疗效，而好的疗效源于中医理论的指导。中医理论的根基就是《黄帝内经》、《难经》、《伤寒杂病论》等经典之作，这是中医理论的源头活水。因此，重视中医理论研究必须从深入研究中医经典著作入手。他从医数十载，自少年随父习医起，即熟读背诵中医经典名著，精辟之处烂熟于心，颇有体会。他20世纪50年代始从事中医经典之作《黄帝内经》教学，很多人在学习《黄帝内经》时感觉其理论不但文字深奥难懂，而且内容比较零散，系统性不强。通过对《黄帝内经》的深入学习，他提出：《黄帝内经》本身的理论有很强的系统性，如《素问·平人气象论》篇，虽然涉及呼吸、虚里、四时平病死脉等诸多内容，但所有理论都以“胃气”一线贯之，是从不同角度论述胃气的重要性；而且《黄帝内经》篇与篇之间亦有密切关系，如《素问·上古天真论》，主要谈天真之精，《四气调神大论》主要谈调神，《生气通天论》主要谈阳气，而精、气、神为人身三宝，三者又密不可分。积多年研究《黄帝内经》等经典理论的成果，他分别于20世纪60年代独著出版了《黄帝内经摘要语释》，主编出版了《灵枢经语释》；80年代独著出版了《内难经通论》，并在《山东中医学院学报》上连载研读《黄帝内经》的体会文章《读〈内经〉札记》（一至八）。及至晚年，张珍玉虽已成中医名家、临床上工，对经典名家著述仍手不释卷。尤其是《黄帝内经》、《难经》等常置于桌案床头，潜心研究，并将读书心得一一记下，以示后学。

对经典著作的研究，张珍玉提倡“学以致用”、“古为今用”的研究思路，反对为经典而经典、为文献而文献的研究方法，将经典理论验之于临床，从实践中找答案，真正体现了读经典、做临床的思想理念。如他曾治一患者，女，42 岁，头发全脱 5 年有余。起始梳头发落，渐至头发稀疏，头皮外露。虽多方医治，未有效果，心理压力极大，后求治于张珍玉。初诊之时，虽天气炎热，患者仍头戴帽子，帽沿四周装以假发。详诊之，患者素日少言懒动，动则气喘，易于汗出，舌脉如常。观前医所用方药，皆以养血补肾为治，且汤丸并用，却均无疗效。审证求因，病属肺虚卫弱，毛发失养。治当补肺固卫，益气和血，以黄芪益气汤加减。

服20剂，头部生细微黄色嫩发，药已中的，效不更方。继服原方10余剂，头发渐黑且粗壮。遂将原方倍量，研粉蜜丸服之，以图后效。3个月后，黑发全生，一如常人。这一“脱发治肺”新观点，正是张珍玉研经典、做临床的体现，根据《灵枢·经脉》有“人始生，先成精……皮肤坚而毛发长”，《素问·痿论》中有“肺主身之皮毛”，《难经》有“损其肺者，益其气”等经典医理，通过多年临床的验证，取得了满意的效果。20世纪90年代张珍玉明确提出“脱发治肺”新观点，自创“黄芪益气汤”一方为主加减，治疗脱发，疗效甚佳。方药组成如下：生黄芪20g，党参15g，当归9g，炒白芍9g，炒白术9g，桂枝6g，桔梗6g，茯苓9g，炙甘草3g。水煎服，日1剂，两次分服。方中以四君子汤加黄芪补气固卫，白芍、桂枝调和营卫，当归养血和血，桔梗色白入肺，载药上行。诸药合用，补肺固卫、调营实表，气实营足，则精血自化；卫充表坚，则毛发自生。

张珍玉执教数十年，一向理论、实践两不误。为使经典理论适应时代的变迁，他总结自己的经典研究心得，于 20 世纪 70 年代公开发表了《病机十九条临床应用》、《简论〈金匮要略〉》、《〈黄帝内经〉的五郁及其临床意义》，80 年代在《山东中医学院学报》上连载了《读〈内经〉札记》（一至八）等多篇代表他经典理论研究成果的论文。文中不乏他研读经典的真知灼见，经典指导临床的体会。诸如“肾气是肾的阴活力和阳活力的总称”；“阳加于阴谓之汗，除指脉象的意义外，还指汗是阴液通过阳气的宣发出于肌表而成的”；“邪之所凑，其气必虚之虚，有整体之虚、局部之虚和暂时之虚的不同”；“心为阳中之阳，肺为阳中之阴，心有实热之邪，可以用苦寒直折，而肺有实热之邪，则应慎用苦寒，以防伤阴，心火移肺之火，始可用黄芩”。更有他以经典理论指导临床，效如桴鼓的验案:《素问·咳论》中有“五脏六腑皆令人咳，非独肺也”之医理，指导临床治一位50多岁女性患者，至冬发咳则尿出，已3年，以补中益气汤加减，咳尿皆愈。《素问·至真要大论》中有“诸寒收引，皆属于肾”之论，指导治疗一男性阴茎勃起痛患者，投予肾着汤加胡芦巴，3剂而愈。《灵枢·终始》有“阴阳俱不足，补阳则阴竭，泻阴则阳脱，如是者，可将以甘药，不可饮以至剂”之论，指导临床从脾胃调治脉压差小之病证，收效显著。

有人说:“经书的文字不是智慧，它的语言内容也还不是智慧。要经过心的吸收，再通过意志、思考、默想所得的领悟才是智慧。”张珍玉几十年来的中医理论研究之路，就是如此实践和体验的过程。他从幼承家学，几十年如一日，勤勤恳恳，潜心钻研，积多年理论研究与临床实践之经验，提出诸多体现中医理论自身特色的新观点，见解颇深。如中医学理论体系的形成是以解剖形态学为基础，但又不拘泥于解剖形态学论理，而以阴阳五行等方法论理，这一观点不仅明确了中医学与西医学区别的关键在于思维方法上的不同，而且明确了中医学理论应从总体上把握其规律性；又如中气不足重在气，而脾气不足重在湿；治脾宜甘温、治胃宜苦降的脾胃分治论；脱发治肺；健脾药都有祛湿功效，但祛湿药未必都能健脾；补血的药物都有滋阴的功效，但滋阴药物未必补血；脾主统血的深层机制是“脾藏营”，即脾能收摄营气，助脉的“壅遏营气”作用，故能止血。这些新观点，既能体现中医学基础理论的特色，又能行之有效地指导临床实践。

张珍玉对气学有独到见解，自 20 世纪 80 年代始深研气学理论。他认为：中医学的气学理论虽源于哲学之气，但两者有区别，哲学中的气作为一种自然观，着重于探讨物质世界的本源，而中医学的气是人体的组成部分。他继承《黄帝内经》“以名命气”和“以气命处”理论，强调划分气的层次性，以明确气的概念。90年代创造性提出人体之气分气血之气和活力之气的新观点，并指导九六级博士研究生以“宗气的研究”为切入点，对这一新观点进行了系统阐述；将“气分阴阳”的理论应用于临床，提出阴阳虽是“有名而无形”，但人体根本受到损伤时，可以用阴阳直接命名，故有阴虚、阳虚之证和补阴、补阳药物；重视气血关系理论，根据人体指甲、头发、角膜等部位无血管，但却具有活力，是有气在的表现，提出“血到之处，气一定到，气到之处，血未必到”的新观点，以此指导临床血虚证的治疗，指出偏功能上的不足用当归补血汤，重在益气（恢复功能）而生血；偏数量上的不足可用四物汤，重在滋养阴血而兼益气；重视气机升降理论，尤其重视脏腑气机升降，人体气机升已而降，降已而升，升中有降，降中有升，临床治病要以调理人体脏腑气机为主，强调治咳之要在宣降，治脾宜升、治胃宜降，治肝宜升中有降、散中有收等脏腑气机理论。

“脾胃分治”理论是张珍玉的主要学术特点之一。他深研《黄帝内经》和后世李东垣等古代医家重视脾胃的学术思想，结合自己的临床体会，20 世纪 90 年代提出，脾胃虽同为后天，但两者生理病理特点有别，在治疗上，亦应当区别对待。治脾胃病总以甘味为主，其中辛甘入脾，辛苦入胃；治脾当升，治胃宜降，脾胃同治，各有侧重。

补脾养胃，甘味为主：甘味属土，为脾胃所主，甘味药既能入脾，又能入胃，这是脾胃用药之相同处。其中，甘温热药，补气助阳，脾胃气虚者宜用之；甘寒凉药，养阴清热，脾胃阴虚者宜之；甘淡药补脾渗湿，脾虚湿困者宜之。脾为湿土，喜燥而恶湿，其气主升，因此，脾病多湿而其气易陷，治当宜甘温（热）、甘淡之品，以达补脾益气以助脾升，温燥渗湿以利脾运之目的。胃为燥土，喜润恶燥，其气主降，胃病多燥而其气易逆，治胃当宜甘寒（凉）之品，清燥润通以助胃降。

辛甘入脾，辛苦入胃：辛与甘相合，辛甘化阳，辛甘发散为阳，辛甘相合则主升主动故入脾。辛与苦相得，辛苦通降为阴，辛苦相合主降主通故入胃。

治脾当升，治胃宜降：针对脾病气虚不升，甚则下陷的病理特点，治脾当用温升，其用药当以甘辛性温之品为主，方如四君子汤、补中益气汤等。针对胃病多见燥热邪实和气机不降之病理特点，治胃宜用通降。所谓通降，并非专指攻逐泻下而言。如治疗阳明腑实证，用苦寒通降之三承气汤；饮食积滞，用消导通降之枳实导滞丸；湿浊阻胃，用燥湿通降之平胃散。其他如降逆止呕之旋覆代赭汤、行气通滞之木香槟榔丸、涤饮通降之小半夏汤等，方中皆以通降胃气之药为主。由于脾胃升降相因，共同完成人体饮食物的消化吸收功能，因此，治胃用通降时，亦需佐以升脾。胃失通降，常与脾不运化、积湿生浊有关。如枳实导滞丸，在消导通降方药中酌加健脾之品，一方面可助脾之运化，促使积滞排出；另一方面可防止消导通降太过而损伤脾气，有预防矫枉过正之弊。而单纯降胃之剂，多因病情需要，非急速下达不能解病人之危，但中病即止，不可过剂，过则易致脾气不升而泄泻。张珍玉的“脾胃分治”论，指导治疗胃脘痛、泄泻、食少等脾胃病证，具有重要的临床应用价值。

张珍玉常谦虚地说：黑字落在白纸上，念书的人都能看见，看见的都一样，只是每个人领悟不同，反映出来的也不一样。我没有什么发明创造，我说的都是书本上有的，是客观存在的，我只是说出来而已。例如：诸花皆升，红花是“花”，它应治在上的瘀血；《伤寒论》

中活血化瘀方治的是下焦瘀血，故不用红花。世人尽知半夏有燥湿化痰、降逆止呕之功效，故燥湿化痰的二陈汤中有之；因为小柴胡汤证中有“心烦喜呕”，亦用之，且小柴胡汤方解中说：“若胸中烦而不呕者，去半夏、人参。”殊不知半夏辛温，除燥湿化痰外，尚可宣通阴阳，在小柴胡汤中可助柴胡、黄芩和表里以转枢机。所以太阳伤寒虽“体痛呕逆”，麻黄汤中却未用半夏以止呕；太阳中风虽“鼻鸣干呕”，桂枝汤中亦不用半夏止呕。我说的不都是实话吗？条文不都摆在那里吗？但我们清楚：没有长期在中医理论研究方面的高深造诣和切身的临床实践体会，这“真谛”是难以“发现”的。如“大陆”是客观存在的，只是谁都没有看见，哥伦布看见了，就是发现，于是有“哥伦布发现新大陆”之说，这发现对于人类而言就是巨大贡献。这些“真谛”的发现对于中医药理论研究而言就是贡献。

张珍玉不仅是一位中医理论的继承者，更是中医理论的发展和开拓者，在全国中医基础理论研究领域，一直占有重要地位。他一直关注中医理论的继承与发展问题，对中医理论研究中存在和应该解决的问题，有自己独到的认识，自20世纪90年代起先后公开发表了《浅议中医学的继承与创新》、《中医学目前存在的问题与解决对策》等专论，强调：继承和创新是相辅相成、不可分割的。创新是在继承基础上的突破与发展，而继承则是对创新的扬弃与延续。继承是创新的前提和基础，创新是继承的目的和发展。没有继承，中医学则不能延续，创新则成为无源之水、无本之木；没有创新，中医学将无以发展，只能循环往复，停滞不前。只有充分地继承，才不致割断历史；只有在继承的基础上不断创新，才能不断地推动历史前进。中医学两千多年的发展史表明，无论是医学理论的进步，还是临床诊治技能的提高，都是后世医家在继承前贤理论、经验和教训的前提下，结合自己的医疗实践，不断创新而丰富和完善起来的。只有充分深入地继承，才能取得真正意义上的创新，使中医药学沿着自身规律发展。如金元四大家均是在继承前人经验和教训的基础上，创造性地提出了各自独特的学术观点，丰富和发展了中医理论及临床应用。

结合自己的切身体会，张珍玉在 20 世纪 90 年代提出：中医继承的范围应包括中医学的四大经典和金元四大家、温病医家等的重要著作，以及药物、方剂等方面的重要著作。主要继承其中的医学理论、医学思想、思维方法、诊治技巧、临床体会、方药特点等，为中医学的创新和发展，打下坚实的基础。中医学的继承方式主要有师承、私淑及讲学三种。创新，则须做到在继承中扬其精华、弃其糟粕，师古而不泥古，不断开拓新领域，探索新规律，提出新理论，创立新方法，为中医学宝库增添新知识。如此，才能“青出于蓝而胜于蓝”，推动中医学的不断发展。如朱丹溪为刘完素的再传弟子，他在继承刘完素火热病机思想的基础上，又旁及李东垣、张从正、王好古等医家之学，联系当时的临床实际，独创性地提出“阳常有余，阴常不足”的著名论断，成为“滋阴派”的代表人物。张珍玉指出，目前中医学在教学、临床、科研中存在的主要问题：一是教学中理论与临床实践相互脱节；二是临床上以“西医模式”指导中医实践；三是科研上不重继承，忽视基础，过分强调新药开发研究。他提出解决的对策为：一是重视中医发展并为中医药学创造良好的生存与发展环境；二是重视中医教学与临床，充分传承与发扬中医学优秀文化；三是结合现代科研成果，不断弘扬创新中医药理论体系。呼吁广大中医同仁要端正态度，树立高尚的敬业精神，既不要自高自傲，也无需自卑自弃，要善于学习，勤于总结，发扬中医学特色，运用传统中医理论，探求新规律，解决新问题，这才是健康发展中医药学的正确道路。

关于中医现代研究，张珍玉一贯主张：中医理论继承和发展必须坚持中医研究和研究中医两条腿走路。中医研究强调要站稳立场，立足于中医理论自身发生发展规律，用中医的思维方法开拓研究途径，强调自主发展，突出中医特色。在中医研究方面目前许多人未认识到中医研究中继承的重要性，不了解继承与发展的辩证关系，不注意学习和继承前人的理论和经验，满足于一知半解、浅尝辄止，盲目发展，即如俗语所说“不会走就想跑”，其结果只能是失去了中医的特色，把中医弄得面目全非。他重视中医研究的思路，一方面体现在坚持中医思维，进行传统的中医理论研究。张珍玉的一生，深研经典，博览群书，坚持中医思维；同时将这一理念落实到指导后学中，如他自 20 世纪 70 年代培养研究生，在研究生论文选题上，都会因人而异，指导部分研究生坚持中医思维，应用传统理论方法进行中医理论研究，着眼于中医理论关键问题，先后指导研究生对“治本病思想”、“肝为罢极之本理论”、“脾藏象理论”、“宗气理论”、“命门理论”、“肺藏象理论”、“中医和合思想”、“封藏与疏泄理论”、“气血理论”、“情志理论”、“五脏精气理论”等进行了系统深入的研究和探讨，丰富和发展了中医藏象气血情志理论，强化中医的文哲基础。特别是 20 世纪 90 年代指导博士研究生李如辉对中医理论发生学的研究，为中医研究开启了崭新的途径，破解了诸如“肺为藏之长”之意义在于“肺为人体后天之天”的千古之谜。另一方面坚持中医理论指导临床实践。中医药学是一门实践性极强的科学，中医学对人体与疾病的研究皆以临床需要为前提，离开了临床，中医学基础理论则毫无价值。因此，中医学基础理论的现代研究，必须以为中医临床服务为前提，以阐释和发展中医学基本理论为目标，注意做到“继承而不泥古，创新而不离宗”。如同是疮疡，生在项后正中对着口唇的部位，俗称“对口”则较易治，而“偏对口”则较难愈，因前者病位在奇经八脉中通诸阳的督脉上，故易溃、易散、易愈；后者是位于十二正经的足太阳膀胱经，足太阳主寒水，是标阳本寒，故难溃难愈。这就是中医理论对临床的指导作用，中医理论不是空洞无用的，中医治病之所以有效，就是因为有中医理论作指导。20 世纪 90 年代在中医基础理论学科共建会上，张珍玉明确提出：什么是中医现代化？用中医理论指导解决现实存在的问题，即是中医现代化。他从来不反对西医，他自己学过西医，懂得西医的思维方法。他在临床上也借用西医的检测手段和方法，但是对检测的结果，则是纳入中医学的辨证论治体系中。如 2000 年治疗一例西医检查结果为第三脑室水肿患者，未拘泥于西医定位的脑，而是从患者巅顶胀痛、头晕入手，以“足厥阴肝经与督脉会于巅”,“诸风掉眩，皆属于肝”的中医理论作指导，辨证为肝气逆而化风，从肝论治取得了理想的效果。

中医学理论体系的奠基之作《黄帝内经》被誉为中国古代的百科全书，因此，中医学理论体系从形成之初，即含有多学科的知识，但由于受其思维方式和历史条件等诸多因素的限制，显得较为抽象、笼统、模糊，所以需要应用现代科学和技术加以开发和研究。因此，张珍玉倡导中医学理论的继承和发展，需要多学科研究中医。他一再强调：不论应用多学科研究中医理论的什么问题，一定要首先搞清该理论的确切内涵，否则，极易出现“张冠李戴”,偏离研究的初衷；研究中医的关键是借鉴方法思路，而进行多学科研究的目的是发展创新中医学术，将多学科研究的成果回归到中医理论之中，总结形成新概念，抽象上升为新学说。在他的科研生涯中，不仅有发生学方法对中医理论的研究，同时又有实验方法、数学方法、计算机方法、流行病学调查方法等在中医理论研究中的应用，并取得了有价值的研究成果。如 20 世纪 90 年代他指导张启明博士运用计算机仿真技术开展的五脏精气生克规律数学模型的研究，取得了可喜的成果，而这一成果的取得正是基于他“多学科研究应以准确把握研究对象的确切内涵”为前提的科研思路。在课题研究之初，他前后数次讲解精气的不同涵义，介绍历代医家有关五脏精气生克制化理论的不同观点，指导学生选择其中基本观点作为依据进行研究。这一研究成果获得了山东省科技进步三等奖，以此为基础的后续研究更是成绩斐然，先后获得多项国家及省部级科研资助和奖励。

中医基础理论现代研究，切入点的选择一

直是研究者所关注和探讨的问题。早在20世纪80年代初，全国性的中医基础理论现代研究刚刚起步，张珍玉凭借自己对中医理论体系以藏象为理论核心的准确理解，确立了以藏象研究为切入点的研究思路，特别是指导乔明琦博士以应用实验研究和流行病学研究的方法，对肝藏象理论的研究取得了令人瞩目的成就。应用传统的中医理论研究方法，在取得“肝失疏泄”包括“肝气逆”和“肝气郁”两证的研究成果基础上，进一步运用动物实验研究方法成功地建立了“肝气逆”和“肝气郁”两证的动物模型，通过大量的实验研究对肝失疏泄的理论进行了科学的阐释，于1996年获得山东省科技进步二等奖。总结研究成果提出了“肝气逆、肝气郁两证”证候新概念，“气血潜在不畅”病因新概念，“多情交织共同为病首先伤肝”的情志致病新假说等。在此基础上，结合流行病学方法，调查研究了妇科临床中经前期综合征的实际情况，开发了专门用于经前期综合征肝气逆和肝气郁两证的新药，不仅继承和发展了中医肝藏象理论，同时使中医理论与临床、应用开发有机地结合在一起，理论、临床、应用开发三位一体，走在了全国中医基础理论研究的前列。以此为基础的后续研究更是成绩卓著，获得国家科技进步二等奖等多项国家及省部级科研成果奖。

张珍玉对于多学科研究中医的现状，有着自己的见解：中医科研的目的是运用现代科学技术证实中医药治疗疾病的科学性，继而创造和发展中医理论，指导临床实践，更好地为解除患者痛苦、提高民众的健康水平服务。中医药学的现代研究包括“认同性研究”与“差异性研究”两个方面，与当代科学（尤其是西医学）认识相同者要研究，而与之不同者同样需要研究。若抛开中医临床，孤立地进行动物实验研究，或过分强调认同性研究，凡事以西医学为标准，处处以新技术、新指标、新方法为借口来研究中医药，其结果则会将系统的中医基础理论弄得支离破碎，使之脱离了与中医临床的血肉联系，从而难以指导中医临床。中医学是宏观整体医学，西医学是微观分析医学，其对人体与疾病的认识各有所长，亦各有不足，两者可相互取长补短，同时并存，不能互相取代。应当结合现代先进的科学理论，如系统论、信息论、控制论、超循环理论、模糊数学等等，来阐明中医学基本理论，使之进一步适应新时代的需要，更好地为广大民众服务。

做临床重脏腑
仿古义灵化裁

张珍玉不仅具有坚实的理论基础，还善于将理论与实践有机结合，积累了丰富的临床经验。他在实践中既重视理论对临床的指导作用，更强调要总结临床，深化理论，提高疗效。他常说：从中医理论形成的自身规律而言，中医理论源于临床，临床是理论的源头活水，离开了中医临床，理论就成了无源之水、无本之木。因此，中医理论的完善发展和创新离不开临床，为解决临床实际问题，深化相关理论学习，理论的深化反过来又能提高临床疗效，两者相得益彰。作为一名合格的中医，只是疲于每天应付临床是远远不够的，而是要善于总结经验，发现临床中存在的问题，深化理论以提高疗效，这也是中医现代化的需要，更是中医理论得以发展创新的有效途径。

如当今社会，由于激烈竞争、生活节奏加快、人们精神紧张、心理障碍以及人际关系不和等因素而罹患的临床病症日渐增多。张珍玉敏锐地观察到了这一临床现状，并于 20 世纪 80 年代始深入研究了中医内伤情志致病理论和肝主疏泄调畅情志的肝藏象理论，结合大量的临床实践提出诸病皆可从肝治的理论。五脏六腑，肝最为要，内伤杂病，肝病首当其冲。肝主疏泄，人体男精女血之藏泄、情志之畅达、气机之协调、血与津液之输布运行以及饮食物之消化吸收，皆赖肝之疏泄、条达。肝足厥阴经下起自足上至于头，与许多脏腑器官相联络。若肝失疏泄，气机不畅，则不仅导致肝经所过部位胀满疼痛，而且气滞日久，影响精、血、津液的输布运行，则致血瘀痰阻，进而导致癥瘕积聚、月经不调、阳痿不举等病证。肝主疏泄，调畅气机，能协调脾胃气机升降，促进脾胃对饮食水谷的消化吸收作用。且心肝之血互养，肝肾精血互化，肝肺气机协调，则肝肾藏泄有度。若肝失疏泄，肝气横逆，乘脾犯胃，致脾失健运，胃失和降，而见脘腹胀痛、呕吐泄泻之症；若肝郁化火，木火刑金，肺降不及，则见气逆而咳；扰动精室，影响肾藏，则致遗精梦泄；伤及心血，扰及心神，则为失眠多梦。故清代魏玉璜称“肝为万病之贼”。肝失疏泄，分太过、不及两端。疏泄太过者名曰肝气逆，以气病为主，因气属阳，易动易升，故逆乱而为患，以“胀”为特点。疏泄不及者名曰肝气郁，郁在血分，因血属阴，主静故也，凡郁结而为患，以“闷”为特征，于妇人多见月经失调诸证。因此，肝气逆与肝气郁，有阴阳动静之别，不可混淆。但两者亦可相互转化，如肝郁在血分，若血瘀日久，必生郁热，热可助气，肝郁可以转化为肝逆。且气之与血，一阴一阳，一体一用，密不可分。肝气逆者，有上逆、横逆之别。上逆者多有头痛耳鸣，横逆者肠胃受之，证见脘腹痛、泛酸、嗳气等。治宜“疏肝”，疏者，疏其正道也。犹大禹之治水，不可因水之太过而废疏通之法。肝为刚脏，肝气逆用药不能一味降肝，若一味降肝遏其条达之性，反会激其反动之力，同时还应考虑到肝之“体阴用阳”特性，过度疏散又易于劫伤肝阴，更不利于肝复其常。方用《景岳全书》之柴胡疏肝散化裁。肝气郁者，为郁结而不得散越之意。治宜“疏肝”。木郁不达，则血行不畅、脾土失健，当健脾和营。方用《太平惠民和剂局方》之逍遥散化裁。张珍玉临床擅长从肝论治经前期综合征、胃脘痛、头痛、遗精、痛经、子宫肌瘤、前列腺炎等诸多病种，均取得了显著疗效。如 1996 年，张珍玉治疗一遗精患者，辨证属肝郁化火、火扰精室，治以疏肝解郁为主，佐以清心泻火，方选逍遥散合三才封髓丹化裁，

12 剂病告痊愈。1997 年治疗一前列腺炎患者。主诉：会阴部疼痛不适年余，加重伴尿频、尿急、尿痛 1 个月。症见小便灼热疼痛、尿频、尿急，小便黄赤，心烦眠差，舌质红，苔薄黄、脉弦数。前列腺液常规示：卵磷酰胆碱小体减少，WBC（＋＋），脓细胞（＋）。证为肝气不舒，湿热下注，治以疏肝为主，佐以利尿通淋。处方：当归 9g，生白芍 9g，柴胡 6g，茯苓 9g，郁金 9g，党参 15g，炒白术 9g，通草 3g，炒川楝子 9g，萹蓄 9g，瞿麦 9g，琥珀 3g（分两次冲服），砂仁 9g，炙甘草 3g。水煎服 3 剂，日 1 剂。3 剂后，诸症悉减，心烦同前，舌尖红赤，舌薄黄，脉弦数。上方去琥珀、通草，加炒栀子 9g，丹皮 9g，以清心火。3 剂后，尿路刺激征消失，情志渐和，唯觉会阴部、尿道不适，尿后小便余沥，舌稍红、苔薄白，脉弦。于前方去清热利尿之品继服。随症加减 1 个月后，诸症尽消，前列腺液复查均为正常。

在张珍玉肝失疏泄理论指导下，2000年成功研发的治疗经前期综合征肝气逆证新药“经前平颗粒”和正在研发的治疗肝气郁证的新药“经前舒颗粒”，为众多女性患者解除了病痛，为女性健康多了一份保障，取得了很好的社会效益。如一位姓孙的女士患经前期综合征已5年，每次月经来前8～10天，她便开始烦躁易怒、情绪不安，双乳胀痛不能碰，甚至与衣服接触或走路时，也感到乳房胀痛、头痛。上述症状常常要持续到月经来潮后才逐渐消失，让她痛苦不堪，正常的生理现象，在她看来不亚于刑罚。在北京西苑医院，她接受了经前平颗粒的治疗。服药第一个周期结束后，她的烦躁易怒、头痛诸症明显减轻，乳房胀痛消失，自觉较前精神状态有明显的好转。服完第二疗程后，头痛消失，烦躁易怒、乳胀轻微，小腹胀痛由服药前的重度变为轻度，经质变为正常。服药前后血、尿、便常规检查均正常，服药过程中亦无副作用发生。经前平颗粒让孙女士消除了月经恐惧症。

辨证论治是中医治疗学的特色和精髓，张珍玉从事中医临床60余年，临证强调辨证论治，特别重视脏腑辨证，积累了丰富的诊疗经验。

治咳之要在宣降：张珍玉在深研《黄帝内经》及历代医家有关咳嗽及肺藏象理论基础上，结合多年的理论教学与临床实践提出了“治咳之要在宣降”理论。他认为，咳嗽虽可由其他脏腑病变引起，但其病位在肺，其直接病机是肺失宣降。咳嗽的辨治，当首分外感与内伤，失宣多由外邪所闭，不降常因内伤劳倦所为。究其治法，亦不外两途：外感重在宣发，佐以肃降；内伤重在肃降，佐以宣发。宣与降的侧重，既应注意药味的比例，又须留心宣降剂量的比例，还需根据肺失宣降的程度，酌配升降药对，参以调理气机的中药。

在对“治咳之要在宣降”理论深入研究的基础上，结合因时制宜的治疗理念，张珍玉提出：由于气候的变化、时代的变迁，以及饮食条件、居住生活条件的改变，当今人们多体质壮实、阳盛有余，故外感风寒多从热化。依据中医学辨证求因的原则，外感咳嗽多属风热咳嗽，影响肺的宣发功能，气不得宣，冲逆激荡而发，治以清热疏风，宣肺止咳。“宣”之义有二：一则以宣驱散外邪，一则借宣助肺之宣发。自拟“桑薄清宣汤”一方，临证加减治疗外感咳嗽，常获神效。如 1998 年诊治一位 5 岁女孩，咳嗽反复发作，处以“桑薄清宣汤”，3 剂而愈。“桑薄清宣汤”基本方药组成：桑叶、薄荷、牛蒡子、板蓝根、桔梗、炒枳壳、紫菀、川贝母、甘草。方中以桑叶、薄荷清肺疏风、宣散风热为主药；桔梗宣肺止咳，炒枳壳降肺下气，两者相配，宣中有降，共同燮理气机升降，以复肺之宣降之职。配伍板蓝根、牛蒡子清热利咽；紫菀、川贝母润肺化痰止咳共为辅药。甘草调和诸药。诸药合用，共奏疏风清热、宣肺止咳之功。加减：痰多色白质黏者，加陈皮；痰多色白质稀易咳，加姜半夏、白术（炒）、茯苓、陈皮；痰多色黄白相兼质黏难咳伴咽痒，加青果、麦冬；痰黄质稠者，加青竹茹、栀子（炒）；干咳痰少或无痰者，加沙参、麦冬；咳甚，加炒杏仁、款冬花；兼喘者加旋覆花、川厚朴、地龙，甚者加沉香；兼发热者，加金银花、连翘；兼鼻流清涕者，加荆芥穗；鼻塞流浊涕，加蝉蜕；头痛，加菊花等等。

在“治咳之要在宣降”理论指导下，张珍玉因人制宜，结合小儿稚阴稚阳、脏腑娇嫩等体质特点，倡导外感宣为主、肺宣咳自平的治疗理念，以自拟“桑薄清宣汤”为基础，研发了治疗小儿外感咳嗽的“清宣止咳颗粒”，处方由桑叶、薄荷、杏仁、桔梗、白芍、枳壳、陈皮、紫菀、甘草等 9 味中药组成，疏风清热、宣肺止咳。走出了治疗小儿外感咳嗽“见咳止咳”的误区，填补了中医学辨证施治小儿外感咳嗽的空白，为小儿外感咳嗽带来福音。

内伤咳嗽可由痰湿阻肺、肝火犯肺、肺阴亏虚、肾水上泛等引起，临床虽可依据兼证进行辨证，但结合自己多年的临床体会，张珍玉提出：临床最多见的是痰湿阻肺，常见于老年性慢性支气管炎、支气管扩张等。“肺为贮痰之器”，痰湿阻肺，肺失肃降，气机上逆，故见胸闷憋气，肺气上逆，则咳嗽气喘，痰随气逆，则咳痰量多。遵《金匮要略》“病痰饮者，当以温药和之”之法，温中化痰，降逆止咳。以二陈汤加减组方，基本药物组成：姜半夏 6g，橘红 9g，茯苓 9g，炒白术 9g，桔梗 5g，炒枳壳 6g，炒杏仁 6g，前胡 9g，紫菀 9g，川贝母 9g，五味子 6g，甘草 3g。方中以二陈汤燥湿化痰，理气和中；桔梗、枳壳一升一降，化痰止咳；

白术健脾祛湿，消其生痰之源；前胡、紫菀、川贝母化痰理气宣肺止咳；加五味子养阴敛肺止咳；甘草健脾化痰、调和诸药。诸药共奏燥湿化痰、降肺止咳之功。

临证加减：痰黏难咯者，加炒杏仁以润肺化痰；痰黄黏稠者，加栀子、青竹茹，以清热化痰；兼喘者，加地龙、旋覆花，以降气平喘；兼气虚者，加人参或党参、炒白术，以益气化痰；久病及肾加沉香；外感诱发，加桑叶、薄荷清肺疏风、宣散风热，或加重荆芥、防风以疏风散寒、宣肺止咳。

肝脾肾并调治泄泻：1998年张珍玉治疗一位腹泻10多年的男性结肠炎患者，10多年来，患者大便一直不成形，日行3～5次，腹痛则泻，泻后痛减，伴身体消瘦，患者深受其苦，张珍玉以自拟肠清汤为基本方加减调理，3个月而愈。肠清汤基本方组成：黄芪（炙）25g，人参10g，白术（炒）9g，茯苓9g，柴胡6g，白芍（炒）9g，山药（炒）9g，广木香6g，砂仁6g，甘草（炙）3g。水煎服，日1剂。泄泻的根本病机是脾失健运，《黄帝内经·素问》云："清气在下，则生飧泄。"《医宗必读》说："泄皆成于土湿，湿皆本于脾虚。"脏腑相连，五脏相关，脾胃的运纳还有赖于诸脏的协助配合尚能完成。临床所见，肝失疏泄、肾失温煦也是影响脾运致发泄泻的常见原因。《黄帝内经·素问》有："春伤于风，夏生飧泄。"《医述》有："泻属脾胃，人固知之，然门户之要者，肝之气也。"《景岳全书》有："肾为胃之关，开窍于二阴，所以二便之开闭，皆肾脏之所主，今肾中阳气不足，则命门火衰，而阴寒独盛……即令洞泄不止也。"因此，泄泻的病位主要在脾，与肝、肾亦有密切关系。临床治疗泄泻以健脾、疏肝、温肾、淡渗等治法为主。其中，以健脾为治泄之首务，疏肝为运脾之手段，温肾为健脾之羽翼，淡渗为止泻之蹊径。方中黄芪补中益气，升阳固表，为君药；人参善于补气，白术长于健脾，茯苓长于渗湿，三者伍用，一补一健一渗，共为臣药，助黄芪补中益气、健脾升阳；柴胡升举阳气，疏肝解郁，不仅能升阳以助脾运，还可通过疏肝作用，对脾胃功能产生影响。白芍养血柔肝、缓中止痛、敛阴平肝，为治疗肝脾不和腹痛泄泻之良药，其作用有三：一为养肝体而柔刚木，与柴胡配伍，敛散相济，既达养肝疏肝之效，又防柴胡劫伤肝阴；二为益脾阴而敛耗气；三为缓肝急而止腹痛。山药健脾、益肾、固精，既能补气，又能养阴，补而不滞，养阴不腻，为培补中气最和平之品，且兼涩性，能益肾固精，故为补虚止泻之佳品，常与黄芪配伍，阴阳相合，起健脾固精止泻之效。木香行气止痛，温中和胃，擅长宣通三焦气滞：一是行脾胃之滞以止腹痛；二是借其芳香宣通之性，防止补剂腻滞而致的胸闷食减。砂仁行气调中，醒脾和胃，用之既行气以防补剂腻滞，又可醒脾以斡旋升降之机，促进药物的吸收利用。以上诸味共为佐药。甘草和中补脾、缓急止痛、调和诸药而为使药。

加减：炮姜色黑入肾，兼温下焦，对于虚寒及寒热不调之泄泻尤为适宜；黄连常与木香或炮姜配伍，阴阳相济，以黄连苦燥之性祛除肠胃湿热积滞，以木香或炮姜之温性减其苦寒败胃之弊，具有“厚肠胃”的作用。张珍玉习用寒性较弱的炒黄连，且用量控制在6g；薏苡仁因能利湿，故可健脾益胃，常用于脾虚湿盛之腹泻，用其炒品加强利湿健脾之效；五味子具有滋肾敛气固精之功，用于邪气已去、气虚不固者；补骨脂辛苦涩温，入肾、脾经，既能补肾壮阳，又可温脾止泻，且兼有收敛固涩作用，为治脾肾阳虚及下元不固的要药，用于泄泻日久，脾肾阳虚而邪气不甚者；白扁豆味甘微温，入脾、胃经，具有健脾和中、消暑化湿的功效，其甘温补脾而不滋腻，芳香化湿而不燥烈，故为补脾止泻之佳品，常用于泄泻急性期，邪盛而兼有脾虚者；车前子淡能渗利，寒能清热，性专降泄，能清利湿热之邪下行，而从小便排出，用治泄泻，是取其利水道、分清浊的作用，常用于湿盛而气阴不虚者；白头翁能入血分清肠热，善除肠胃热毒蕴结，对治赤痢功效尤著，可用于脾虚湿滞、郁火败血腐肉而致之久泄赤白下利；秦皮清热燥湿中兼有收敛作用，故可治热利下重，用于赤白下利而有气虚不摄之势者。

治消无分上中下，唯取都气加黄芪。张珍玉治一女性糖尿病患者，患者确诊为糖尿病已3年，就诊时执医院化验单，尿糖（＋＋＋），血糖9mmol/L，渴饮不止，每日能喝3暖瓶（6～8kg）水，食量大且易饥，小便亦多，身体较胖，自觉周身乏力，动则气短，且足跟部有一痈肿已半年。诊其脉滑数，舌无苔而红干，即处方都气丸加黄芪方。服 10 剂后，病情大减，效不更方。继服 10 剂，“三多”症已不明显，脚跟痈肿已消退过半，唯时有口干，不饮水亦可支持，尿糖化验正常，但血糖仍偏高，嘱将原方用量各加倍配成水丸剂服用，每日服两次，每次服 9g 以巩固疗效。后因血压高来就诊，询及前病自云无明显症状。化验多次尿糖虽无，但血糖略偏高。

消渴之名，首见于《黄帝内经》。《灵枢·五变》曰：“五脏皆柔弱者，善病消瘅。”《素问·奇病论》云：“此肥美之所发也，此人必数食甘美而多肥也。肥者令人内热，甘者令人中满，故其气上逆，转为消渴。”指出消渴的形成与五脏虚弱，以及过食肥甘、体质肥胖等因素有关。消渴一证，古人就其表现不同，分为上、中、下三消：上消多饮，病在肺；中消多食，病在胃；下消多尿，病在肾，多以“三多”定名。临证多分别采取清肺生津、清胃泻火、滋肾养阴之法而治。

张珍玉经数十年临床体验，认为消渴之病虽有上、中、下三消之分，但其主要病机在于肾虚内热。盖肾为水脏，若真水不竭，则无渴饮之患。五脏之津液皆本于肾，肾阴虚则阳旺，故渴饮不止而消谷善饥；肾为胃之关，关门不利，故渴饮而小便多也。加之肾阴亏虚，无力制火，火旺则煎熬脏腑，火因水竭而益烈，水因火盛而益干，故饮多而不济渴，此名消渴。正如《临证指南医案·三消》所说："三消一证，虽有上、中、下之分，其实不越阴亏阳亢，津枯热淫而已。"赵献可在《医贯》中亦云："治消之法，无分上、中、下，当先治肾为急。"为此，张珍玉用都气丸变汤剂加黄芪治疗本证，无论新久，每获良效。组方如下：生地黄 12g，山茱萸 9g，炒山药 9g，牡丹皮 6g，茯苓 6g，泽泻 6g，五味子 9g，黄芪 20g。水煎，分两次服，每日 1 剂。忌辛辣、烟酒、炙煿之物。其中之六味地黄汤，治肝肾之不足，真阴亏损，精血枯竭，消渴淋沥等证。五味子之咸酸，而长于保肺气，滋肾水，收心气，生津止渴，合六味地黄汤不但加强滋补肝肾之阴，且能制其火旺，从而津生渴止，加黄芪借其生发之性，故能补气升阳，温运阳气以生血，助气化水，气化则津生，颇合都气之意，故运用此方以治消渴，效果满意。

勿执养心安神，唯务燮理阴阳。1975 年张珍玉诊治一男学生，患者 1974 年秋期中考试后自觉心悸不安，头昏，时失眠，烦躁，经医院检查，无器质性病变，心电图正常，血压正常。多方服药均无效，经友人介绍来诊。面无病容，营养中等，询问病情，言及心悸不安，特别是有声音时心悸，即便突然的脚步声或带门声，都能引起心跳。且时有失眠，头昏不清，记忆力减退，饮食、二便正常，小便有时黄，诊其脉沉数而弱，舌红少苔。此为劳心过度，心阴亏虚所致。以炙甘草汤去清酒、桂枝、麻仁，加郁金 6g，生龙骨 12g，生地黄 9g，生阿胶（烊化）6g，麦冬 6g，党参 12g，大枣 6 枚，水煎两次，混合分两次服。嘱服 6 剂再诊。服完 6 剂后，自觉头目清爽，心悸偶尔发作，诊其脉已无数象但弱耳，以原方加黄芪 15g，继服 6 剂，其症消失。

心悸怔忡古人分为两证。心悸又称惊悸，虞天民说："忽若有惊，惕然心中不安，其动也有时；怔忡者，心中惕惕然动摇不停，其作也无时。"指出心悸为突然受外界声音等刺激，发生心跳不安；怔忡则不因受惊即终日自觉心跳不安。一般认为，怔忡多由心血不足所致，如《济生方》指出："夫怔忡者，此心血不足也。"《丹溪心法》亦云："怔忡者血虚，怔忡无时，血少者多。"戴元礼认为：心悸病位在心，怔忡病位在肾；心悸为心血虚，怔忡为肾精怯；治疗上提出"惊则安其神，恐则定其志"。当今中医临床上，多强调心之气血阴阳亏虚为心悸之本，将心悸分为心虚胆怯、心血不足、阴虚火旺、心阳不足，以及水饮凌心、心血瘀阻等证型进行治疗。

张珍玉认为，心悸与怔忡本为一证，不能分为两证。血虚固然可致心悸，但心悸未必尽为血虚，如水气凌心，痰火内扰等皆能引起心悸；肾精亏乏，精不化血而怔忡者有之，但怔忡未必皆属肾精亏耗。心悸怔忡实为一证，只不过程度上轻重不同而已，心悸较怔忡为轻，而怔忡则重于心悸也。二者只有轻重之别，而无心肾之分。

张珍玉经多年临床体会到：心之阴阳不调为其病机，心主血脉而藏神志，心阴心阳相互协调，心脏功能方能维持常度。若心阴和心阳任何一方不足或亢奋，致心之阴阳不得协调，都会出现心悸或怔忡。心悸、怔忡是心病必有之症，可由许多疾病引起。若因其他病证所致者，当治其主病，主病愈而心悸怔忡自愈；若心病所引起心悸怔忡者，当治心之阴阳，阴阳协调，其心悸怔忡即愈。因此，张珍玉临证治悸不在养心安神，而在燮理阴阳。心悸怔忡虽有轻重之分，但均因心之阴阳偏颇所致。心阴偏虚者，则兼烦躁，且心惊而悸，头目昏晕而胀，或有失眠，体倦乏力，食少便干，脉细数而无力，舌绛少苔。心阳偏衰者，自觉心吊悬而终日惊惕不安，胸闷有恐惧感，且自汗畏寒，困倦无力，饮食纳呆，小便清而大便不爽，脉缓弱，舌淡苔薄。心悸怔忡兼见结代脉，则为阴阳偏颇不能顺接协调更为明显。治疗本证不在养心安神，而重在调整心之阴阳偏颇，使其阴阳顺接协调则心悸怔忡可除。仲景之炙甘草汤虽为伤寒而设，但治疗杂病之心动悸、脉结代，加减得法，确有良效。从本方药物组成来看，是阴药与阳药相互配伍，从而达到调整心之阴阳偏颇而续顺接。其中阴药有生地、阿胶、麦冬；阳药有桂枝、生姜、清酒。临证之时，可适当加减以调整其阴阳之偏颇：阴偏虚者，可去清酒、麻仁，加郁金 9g，以防阴药腻滞，且有入心行瘀之功；加生龙骨 15g，以镇阴虚之浮阳；阳偏虚者，生地黄易熟地黄，加黄芪 20g，助气以配阳，亦可加生龙骨 15g，防阳之上浮。张珍玉临床治疗心悸怔忡，用炙甘草汤，一般用量为：炙甘草 12g，生姜 6g，桂枝 6g，人参 6g（或党参 18g 代之），生阿胶 6g，生地黄 9g，麦冬 6g，麻仁 6g，大枣 6 枚，黄酒 100ml。

祖传验方疗口疮：张珍玉治疗一位 62 岁女性患者，口疮反复发作五六年，经多方治疗无效。以祖传验方外用，一日 1 次，3 次即愈，一直未复发。处方如下：煅炉甘石 2g，煅人中白 1g，青黛 2g，冰片 0.3g，枯矾 0.5g。

制法：将上药共研为极细末，放瓶中收贮，盖严勿受潮湿。用法：取药末适量搽于患处，一日1次。方中煅炉甘石有燥湿消肿、收敛生肌之效，据理化分析，其主要成分为氧化锌，有中度的防腐、收敛、保护创面的作用；青黛清热解毒，有抗菌作用，二者配合，能增强防腐生肌的功效；人中白降火，散瘀血，治咽喉、口舌生疮；枯矾清热燥湿，解毒杀虫；冰片化湿消风散郁火，清热止痛。诸药配合，燥湿收敛，化腐生肌，清热止痛，促进溃疡愈合。

张珍玉临床辨证论治，疗效显著的验案不胜枚举，体现了中医理论指导临床、灵活化裁古方的特点，且对于不少疑难杂病，亦常有出乎意料的治疗效果。如知柏地黄丸加减治愈不射精案；柴胡疏肝散合四君子汤加减治愈咬牙案；逍遥散加减治愈血精案、乳泣案；逍遥散合四君子汤加减治愈触按腰腹嗳气案、腋下汗出案；参苓白术散加减治愈夜半子时手足麻木案；补中益气汤加减治愈食后头痛案；瓜蒌薤白半夏汤合逍遥散加减治愈纵隔囊肿案；白头翁汤加减治愈冬季菌痢案；银翘散加减治愈口疮案。可谓辨证中肯，效如桴鼓。

临床突出中医理论指导下的脏腑辨证论治，是张珍玉的临床诊疗特点，更是他重视理论与临床相结合学术思想的体现。张珍玉深谙中医治病之理，他常说：中医治病的原理，在于利用各种治疗手段调动和激发人体的自我调节功能，激发人体固有的愈病机制，从整体上补偏救弊，从而扶正祛邪而愈病，这种以人为本，将人的“正气”放在主导地位的主导思想，形成了他“重视正气，以人为本”的治疗理念。体现在他的处方用药中，则是尊古但不泥古，善仿经方、古方之义，灵活化裁。常用方剂有：逍遥散、四君子汤、柴胡疏肝散、四逆散、参苓白术散、二陈汤、平胃散、补中益气汤、枳术丸、左金丸、银翘散等。其组方量小力宏，配伍严格，简洁精练，主攻明确，且注意顾护正气，以人为本。

尚医德重医风 施仁术留芳名

张珍玉是全国老中医药专家学术经验继承工作指导老师、山东省有突出贡献的名老中医药专家、山东省名中医药专家，他的医术名扬四海，医德更是有口皆碑。“医乃仁术”是他的座右铭，他在几十年的执教生涯中，传授“医乃仁术”的精髓，早年有专论谈“医乃仁术”。他提出：中医学在漫长的历史发展过程中，受儒家思想影响较深，“医乃仁术”就是受孔子忠恕思想影响提出的。孙思邈受儒学思想影响较深，他在《备急千金要方·大医精诚》中提出：作为一个医生不但在医学方面要“精通医理”，另一方面还要以“仁”心来对待病人。他认为儒学思想对中医的影响主要表现在两方面：一是“仁义”与“精诚”，二是“中庸”与“平衡”。他说：“仁义”是儒学思想的核心。“精诚”是中医学家为医之道的总结，也是做医生的准则。儒者与医者皆求“仁义”、“精诚”。仁者爱人，医者精诚，若能具而备之，“则与医道无所滞碍，而尽善尽美矣”。儒学认为，“仁”是最高的道德品质，具有这种道德品质的人称为“仁”人。特别强调：作为一个医生更应如此。儒之与医影响颇深，为“仁”之术，亦即为“仁”之道，故称“医乃仁术”。为医当精诚，首先要精，精是诚的基础，诚是精的目的。精之诚须博极医源，恒心不倦，勤求古训，博采众方，用心精微，潜心经典医籍，集众家之长，不耻下问，且不可自矜。以至精之求，以仁爱之心，拯救病厄，博施济众，唯有如此始能达到孙思邈所说的“智圆、行方、心小、胆大”的医疗境界，否则只求名利，自逞俊快，甚不仁矣。

张珍玉不仅是医疗战线上“医乃仁术”的传授者，更是“医乃仁术”的践行者，在他几十年的行医过程中常见仁术之举——对所有求诊病人不论是社会名流、平民百姓，也不管是中国人还是外国人，他都一视同仁。他常说：作为一名好医生，对病人既要严肃认真，又要和蔼可亲。因此，他在临床诊察过程中，体贴病人不愠不躁，询问病情根据需要，闲话不多说，认真仔细一丝不苟。病人贸然到家中造访，他从不厌烦，有人忘记“挂号”，他照看不误，四面八方的各种求治信件，他在百忙中都一一回复。为了能让尽可能多的病人得到就诊机会，更为了让学生多见识一些病种，他 80 高龄时仍坚持门诊，一般从早晨七点多工作至中午十二点多，有几次他感冒还带病坚持门诊，此情此景，不仅让学生，更让求诊的病人感动不已。他临证用药以药性轻灵、药味少、药量小见长，堪称经方一派。临证时，不需吃药的便不开药，

3 剂药能愈的不开 6 剂，廉价药能解决的不用贵重药，既节省了药材避免了浪费，又减轻了病人的经济负担，被患者称为“给老百姓看病的医生”，更体现了“医乃仁术”的真谛。在经济浪潮冲击的今天，张珍玉高尚的医德医风，展现了一代名医的优秀品质，更为我们树立了榜样。

张珍玉从医、执教 60 余年如一日，呕心沥血，为百姓解除疾苦，为学生传道授业解惑，赢得了患者的尊重和学生的爱戴。一位博士研究生在她的文章中，谈了她与张珍玉初次相逢的感触，从中我们或许能够体会到张珍玉的人格魅力。她说：“记得第一次见到张珍玉先生，是在一次研究生毕业论文答辩会上。有些瘦削的面庞，精短的华发，平静而凝炼的目光如一湾深泓。只那一面便很难忘却了。之后常去门诊的缘故，也就多次见到先生，依旧是那略显瘦削的面庞，精短的华发，平静而凝炼的目光，然而每次我都被这种平静震撼着。它是什么？翻开心灵的辞典，我找到了答案，这涌动在宁静之中的力量，便是无形的博大啊！我又一次被震撼了……一位诗人这样说：太阳无语，自是一种光辉；高山无语，自是一种巍峨；蓝天无语，自是一种高远；大地无语，自是一种广博。这不语的宁静，正是躁动之心所不能企及的真知吧！”正是被张珍玉的大家风范所折服，她 2005 年报考了张珍玉的博士研究生，但没想到的是先生于 2005 年 5 月 23 日突然辞世，使她永远失去了随他探讨真知的机会，成为了终生的遗憾；但张珍玉先生高尚的医德医风和宁静致远的人格魅力，将是她和后学者一生的楷模。

身主动心主静
善养生贵在恒

张珍玉 85 岁高龄时，除耳朵需使用助听器外，仍精神矍铄，反应灵敏，思路清晰，一直工作在博士研究生的教学和临床带教第一线，直到生命的最后一息。回顾张珍玉长寿的一生，自有他独到的养生之道和秘诀。

坚持锻炼、生活规律。张珍玉精通经典，更是将《素问·上古天真论》中“食饮有节，起居有常，不妄作劳”之论作为自己生活的宗旨。他常说：生命在于运动，人需要经常活动，通过运动才能使人体经脉气血流通畅达，运动活动四肢，健运脾气，才能保证饮食的充分消化吸收，这样身体才能健康，疾病就不会产生，但过犹不及，对人体而言太过不及都是病，因此运动必须动而有节，特别是对于老年人，动而适度是运动养生必须遵守的。同时运动要持之以恒，没有恒心就达不到运动健身的效果。他在2002年《家庭中医药》的专访中说：调神调身，贵在一个“恒”字。若是“三天打鱼，两天晒网”，就绝不能达到目的。他的养生信条是：身以常动，起居定时。自20世纪50年代开始，他每天早晨上山，既不打太极拳也不练气功，只是上山走一趟，约1小时左右；不论严寒酷暑，风雨无阻，坚持锻炼，心中只有一个“恒”字，40多年来，从未间断。生活比较有规律，无论冬夏，都是早六点起床，晚十点睡觉，夏季中午睡半小时到1小时。

对于饮食，受《黄帝内经·素问》“藏气法时论”理论指导，他遵循“五谷为养，五果为助，五畜为益，五菜为充，气味和而服之，以补精益气”的膳食结构，日常少吃油腻、多吃青菜水果等，也喜欢吃些酸的水果和酸味汤菜，几乎每顿饭都要吃点醋，以增加食欲，帮助消化。更主张饮食有节，强调“食无过饱”，他自己坚持不论三餐饮食如何，总以七八成饱为度，平常一日三餐饮食没有过分要求，生活朴素。

张珍玉逝世后，根据他的遗嘱，丧事一切从简，他这种节俭朴实的优秀品德一直为人们所称颂。一位路人在他的博客中写到，今天到科学院上班的时候，路过山东中医药大学第一宿舍楼，看到宿舍楼头贴着一则布告，内容大体如下：根据张珍玉教授遗嘱，丧事从简，我们拒绝花圈与花篮，请大家相互转告。白纸黑字，读来让人甚为震动。张珍玉教授过世了！整个宿舍楼前一片冷清，行人们好像什么事也没有发生一样，没有多少人注意到这则布告，而我则在这布告前停留了好久，心中升起对张珍玉教授的无比崇敬之情，不由对着这则布告颔首，表达对张教授的尊敬。与世人那些大操大办、风风光光、吹吹弹弹的丧礼相比，张珍玉教授的高尚境界的确让我佩服。

淡泊明志、静以养心。他经常引用《素问·上古天真论》中“恬淡虚无，真气从之，精神内守，病安从来”，强调精神调养在保持身体健康中的重要性，强调只有“形与神俱”，才能“尽终其天年”。他常以“淡泊以明志，宁静以致远”勉励学生，指出“虚能引和，静可生悟”，并常将“虚”、“静”二字书于案头，作为自己修身的座右铭以自勉，这也可能就是他对自己人生的追求和诠释。他常说：人的一生不可能是平坦顺利的，生活中遇到坎坎坷坷，在所难免。因此，保持一颗平常之心难能可贵，以平常之心对待一切人和事，就能做到在挫折和困难面前不苦恼，不气馁，保持乐观，学会面对，才能适应环境的变化，保持心情的愉快，保证身心健康。因此，他提出“名誉不争，学术不让”的人生格言，淡泊名利而一生专志于中医事业。面对社会上开大方、卖贵药、坑害病患者的不良风气，他提出“医乃仁术，自我为之”，并不断践行之。面对物欲横流的社会，他能安心定志，无欲无求，强调“君子爱财，取之有道”，以大医之心面对广大民众。

张珍玉的业余生活也格外充实。他虽非书法家，但其字极富艺术感和个性化，特别是在他晚年的生活中，常有朋友向他求字，他总是谦虚地有求必应。他书写的苍劲有力的一个“静”字，至今仍悬挂在校报办公室，以示后学。不少患者都珍藏着他亲笔书写的病案和处方，以做纪念。为鼓励学生奋发图强，他赠与学生“学海无涯”以勉励。张珍玉提笔作画，行笔洒脱，画出的牵牛花栩栩如生。他还下得一手好棋。他常说：这些活动并非只是娱乐，而是通过书画的过程修养身心，特别是锻炼大脑的灵敏度，提高对问题的认识和分析能力。张珍玉将“静以养心”的养生理念，渗透在他自己生活和工作的方方面面，更是在“润物细无声”之中，达到了一种宁静而致远的境界，为我们留下了一笔宝贵的精神财富。

家庭和谐，身心愉快。张珍玉有一个幸福温馨的家庭，特别是有一位知书达理的妻子。人们说在一个成功的男人背后都有一位默默奉献的好女人，张珍玉的成功之路，亦离不开他的妻子王月真女士。特别是在20世纪五六十年代，张珍玉从岛城被调入省城济南工作，妻子王月真孤身一人远在青岛带着两个年幼的儿女，度过灾荒、度过“劫难”，使他安心地工作、无私地奉献，这对张珍玉来说是巨大的精神支柱。直到70年代末，王月真才来泉城和他团聚，从此妻子更在精神和生活上给予他全力支持。在相濡以沫的日子里，他与妻子共同创建和支撑着这个家庭，夫妻之间一直互敬互爱。王月真晚年得了中风病，张珍玉一直陪在她身边问寒问暖，细心照料。每到他要出门诊，总是对保姆千叮咛万嘱咐后，才放心出门。出诊回来第一件事，就是先到王月真身边，握握她的手，看看、问问才安心。这一言一行中，蕴含着他与妻子至深的感情。父母亲之间这种互敬互爱的感情，使孩子们从小就感受到了来自家庭的温暖和父母的关爱，深深影响着孩子们的健康成长。四个子女都很孝顺。温馨和谐的家庭氛围，使张珍玉精神愉快，身体健康。张珍玉生前，已是四世同堂的大家庭，数人从事教育事业，1995 年获得山东省高校工委“文明家庭”光荣称号，1997 年获得山东省教委“教育世家”光荣称号。

（撰稿人　高思华　乔明琦　魏凤琴）

《中华中医昆仑》丛书150位医家名录

（按生年排序）

张锡纯	丁甘仁	萧龙友	王朴诚	恽铁樵
曹炳章	冉雪峰	谢　观	施今墨	汪逢春
孔伯华	黄竹斋	吴佩衡	蒲辅周	陈邦贤
李翰卿	李斯炽	姚国美	陆渊雷	张泽生
时逸人	张梦侬	叶橘泉	王聘贤	陈慎吾
邹云翔	赵炳南	承淡安	余无言	刘惠民
岳美中	沈仲圭	秦伯未	赵锡武	韦文贵
程门雪	黄文东	赵心波	董廷瑶	吴考槃
章次公	石筱山	陆南山	张赞臣	李聪甫
刘绍武	陈存仁	朱仁康	陆瘦燕	姜春华
韩百灵	高仲山	李克绍	王鹏飞	刘春圃
金寿山	哈荔田	何世英	周凤梧	干祖望
关幼波	王为兰	任应秋	罗元恺	祝谌予
杨医亚	郭士魁	何时希	耿鉴庭	俞慎初

裘沛然　顾伯华　江育仁　邓铁涛　门纯德
刘渡舟　尚天裕　朱良春　李玉奇　程士德

尚志钧　赵绍琴　董建华　米伯让　李辅仁
张珍玉　班秀文　颜正华　于己百　颜德馨

路志正　方药中　王乐匋　黄星垣　谢海洲
余桂清　何　任　王子瑜　程莘农　陈彤云

焦树德　张作舟　张　琪　李寿山　张镜人
王绵之　方和谦　印会河　王玉川　蔡小荪

李振华　马继兴　王嘉麟　宋祚民　刘弼臣
王雪苔　刘志明　吴咸中　李今庸　任继学

裴学义　王宝恩　周霭祥　贺普仁　唐由之
赵冠英　许润三　金世元　陆广莘　刘柏龄

徐景藩　吉良晨　吴定寰　沈自尹　王孝涛
张灿玾　周仲瑛　强巴赤列　张代钊　李经纬

郭维淮　柴松岩　苏荣扎布　陈可冀　李济仁
夏桂成　郭子光　巴黑·玉素甫　张学文　陈介甫